Карл-Йохан
Форссен Эрлин

Слонёнок, который хочет уснуть

Сказка в помощь родителям

Иллюстрации Сидни Хэнсон

4-е издание

Москва
«Манн, Иванов и Фербер»
2021

УДК 82-34
ББК 83.84:88.8
Э79

Благодарю всех, кто в тестовом режиме прочитал рукопись своим детям и дал мне ценную обратную связь!
Также хочу сказать спасибо моим первым читателям — Эве Хиллстам, Фредерику Престо и Элин Вестербер, Джулии Ангелин и ее коллегам в Salomonsson Agency.
А самое главное спасибо — моей прекрасной и поддерживающей меня жене Линде Эрлин, которая помогла мне столькими мудрыми советами.

Предупреждение: данная книга абсолютно безопасна, однако автор и издательство не несут ответственности за возможные последствия прочтения.

Издано с разрешения SALOMONSSON AGENCY AB
и EHRLIN PUBLISHING AB

Перевод с английского Марии Сухотиной

Эрлин, К.-Й. Ф.

Э79 Слонёнок, который хочет уснуть. Сказка в помощь родителям / К.-Й. Ф. Эрлин ; [пер. с англ. М. Сухотиной]. — 4-е изд. — М. : Манн, Иванов и Фербер, 2021. — 32 с. : ил.

ISBN 978-5-00169-266-9

Сказка «Слонёнок, который хочет уснуть» создана, чтобы уложить детей спать. История слонёнка Сони и её друзей помогает правильно расслабиться и плавно погрузиться в сон. Подойдёт детям от 2 лет.

УДК 82-34
ББК 83.84:88.8

Оригинальное издание:
ELEFANTEN SOM SÅ GÄRNA VILLE SOMNA

ISBN 978-5-00169-266-9

Как читать сказку

Внимание! Никогда не читайте эту книгу вслух рядом с человеком, управляющим транспортным средством и другими потенциально опасными механизмами!

Автор этой книги — шведский психолог Карл-Йохан Форссен Эрлин. Его сказочная история про слонёнка Соню помогает детям расслабиться и плавно погрузиться в сон. Её можно читать как дома, так и перед тихим часом в детском саду.

Несколько простых правил помогут создать атмосферу, в которой малыш быстрее уснёт.

• Уделите время чтению сказки, подберите свои лучшие сказочные интонации и ни на что не отвлекайтесь. Очень важно, чтобы при чтении вас никто не прерывал.

• Пусть ребёнок выплеснет лишнюю энергию, прежде чем начнёт слушать историю.

• Ребёнок должен слушать сказку, лёжа в своей кровати, не заглядывая в книгу и не отвлекаясь на иллюстрации. Поэтому постарайтесь рассмотреть и обсудить с малышом картинки до того, как будете укладывать его спать.

• Всегда дочитывайте сказку до конца, даже если ребёнок уснул на середине.

• Некоторым детям необходимо прослушать историю о Соне несколько раз, чтобы полностью расслабиться.

• Чтобы привыкнуть к тексту, сначала прочтите сказку один раз про себя. Затем следуйте рекомендациям по чтению и смотрите, как ваш ребёнок реагирует на эти приёмы:

— **жирный шрифт** — сделайте логическое ударение на выделенном слове или фразе;

— *курсив* — читайте этот фрагмент очень медленно и спокойно;

— ***[зевок]*** или ***[имя]*** — автор просит вас зевнуть или назвать ребёнка по имени;

— имя слонёнка можно произносить двумя зевками: «Со-о | ня-а».

Некоторые выражения могут показаться немного странными. Тем не менее все слова в тексте тщательно подобраны, а построение фраз психологически обоснованно.

Всего доброго и приятных снов!

Carl-Johan

Сейчас я расскажу тебе сказку про одну девочку-слонёнка. Её зовут Соня. Она очень добрая и храбрая. Соня хочет с тобой подружиться, но сегодня она немножко устала. Давай проводим её до кроватки? Сонин домик стоит на опушке волшебного леса. В этом домике она будет крепко-крепко спать до самого утра.

Соня очень похожа на тебя. Ей столько же лет, сколько и тебе, ***[имя]***, не больше и не меньше. И она тоже любит играть — одна и с друзьями. А когда играешь, время летит очень-очень быстро. Не успеешь оглянуться — уже почему-то пора спать! Видишь, как вы с ней похожи, ***[имя]***? Я думаю, что под эту сказку вы и уснёте вместе.

— **Ой, мамочка, я так устала. Можно я пойду в кроватку?** — сказала однажды Соня маме-слонихе ***[зевок]***.

— Конечно, можно. **Иди скорее спать**, — ответила ей мама. — И позови с собой друзей, которые слушают нашу сказку. Ступайте вместе через волшебный лес в домик, где стоит твоя кроватка. **В волшебном лесу так хочется спать!** Он такой тёплый, такой уютный, наш сонный лес. **У детей в нём сразу слипаются глазки.** Интересно, **когда ты заснёшь под эту сказку**? **Прямо сейчас** или чуть позже?

Мама-слониха посмотрела на разбросанные игрушки и сказала Соне:

— Смотри-ка, все твои игрушки *устали и хотят спать*. Выбери себе **самую сонную игрушку**, ***[имя]***. Вместе вам будет легче уснуть.

Соня так и сделала, но она всё ещё не спала. Тогда она спросила у мамы-слонихи:

— А что ты делаешь, **когда хочешь уснуть**?

— *Я закрываю глаза и представляю, что вокруг меня всё сонное-сонное. Все голоса, все звуки. И моя подушка тоже тёплая и сонная. На ней так мягко, так уютно. Только положишь голову — и тебя сразу клонит в сон. Одеяло тоже мягкое и уютное. Под ним так хорошо, так тепло!* ***Сразу хочется спать.*** *Вот видишь, я уже* ***засыпаю [зевок]***, — ответила Соне мама.

От этих слов малышка тоже захотела спать, но сначала ей надо было дойти до кроватки! И вот вы с Соней зашагали вдвоём к сонному-сонному лесу. Усталая, сонная мама-слониха на прощание помахала вам с холма и сказала:

— Спокойной ночи, детки! Увидимся завтра, после того, как вы сладко-сладко проспите до самого утра.

Когда вы оказались в лесу, маленькая Соня сказала:

— Пойдём со мной, ***[имя]***, и я покажу тебе **волшебное сонное место**. Я всегда там засыпаю. **Даже если**

ты сразу уснёшь и не дослушаешь сказку до конца, это не страшно. Я, например, быстро устаю, **когда очень хочу спать**, а мне читают книжку.

Вы прошли ещё немного, и Соня предложила:

— Хочешь, залезай ко мне на спину, и я тебя повезу. **Тебе будет очень тепло и уютно ехать у меня на спине.** Ведь это так приятно — покачиваться туда-сюда, словно в колыбельке, правда, ***[имя]***? **Глаза сразу же начинают слипаться.** Ох, я очень люблю поспать, и в своей кроватке, и **прямо здесь, посреди волшебного леса**. И лес, и кроватка такие уютные. *Как подумаешь о них, так сразу хочется спать*, — и Соня широко, сладко зевнула ***[зевок]***.

Так вы и поступили. А когда очутились в лесу, Соня шепнула тебе на ушко:

— Хочешь, я расскажу тебе один секрет? Здесь, в лесу, полным-полно волшебных зверей. И все они мои друзья. Вот в этой норке, например, живёт крот Сопелка с мамой и папой.

И правда — из норки высунул заспанную мордочку **с закрытыми глазами** крот Сопелка:

— Ш-ш-ш! Давайте полежим тихонько и послушаем сказку. Мне так сильно хочется спать, — заворчал крот. — Папа с мамой всегда говорят: надо лечь на бочок и слушать очень-очень внимательно. Тогда всё вокруг тебя тоже будет ***потихонечку засыпать****. Как хорошо лежать в кроватке, когда вокруг тепло и тихо! Я лежу и чувствую, что вот-вот усну. Иногда я притворяюсь, что слушаю сказку, а думаю про что-то своё. Под засыпательную сказку так чудесно мечтается!*

Сопелка свернулся уютным клубочком и **сладко засопел во сне**.

— Ну вот, — сказала Соня. — Кротик спит, и его папа с мамой тоже давно уснули. И нам с тобой, ***[имя]***, **пора спать**, правда? Волшебный лес обязательно нам поможет, — и Соня зевнула во весь рот ***[зевок]***.

В этом лесу даже ветер дует сонно-сонно, словно шепчет тебе на ушко: «*Баю-бай, баю-бай…*» Можно просто дышать волшебным лесным воздухом и постепенно засыпать. Под шёпот сонного ветра так сладко дремлется в мягкой постельке, правда, ***[имя]***?

Вы с Соней всё шли и шли по лесу и наконец увидели старую лесенку. Соня спросила:

— Знаешь, как называется эта лесенка? Мы зовём её Засыпайка. Все дети, спускаясь по ней, хотят спать **всё сильнее и сильнее**. Идёшь по лесенке **ниже и ниже** — *и так хочется скорее лечь, свернуться клубочком и видеть сладкие сны. Вот так…* У нашей Засыпайки пять ступенек. *Сейчас мы с тобой,* ***[имя]****, начнём спускаться. Вот увидишь, с каждой ступенькой тебе будет всё теплее и уютнее.*

И вот вы с Соней спустились на один шажок вниз.

Пять. «*Как тут славно, — думаешь ты. — Не хочется ничего делать, только лежать тихонько и слушать сказку*» ***[зевок]***.

Четыре. *Тебе тепло, уютно и спокойно. Всё хорошо. Самое время отдохнуть.*

Три. *У тебя совсем слипаются глазки,* ***[имя]***.

Два. *Тебя всё сильнее клонит в сон. Ты уже почти спишь.*

Один. *Вы с Соней сильно устали, но это очень-очень приятная усталость* ***[зевок]***.

Ноль. *Ну вот и всё, лесенка кончилась. Хорошо бы теперь поспать, правда,* ***[имя]****?*

Вот так потихоньку вы и добрались до конца лесенки Засыпайки. Усталая Соня сказала:

— *Пойдём к ручейку,* ***[имя]****. Я хочу показать тебе ещё одно сонное место.*

Как много Соня знает необыкновенных уголков! Вы вдвоём идёте к ручью по тихой сказочной тропинке. По дороге вы видите красивый-красивый листик. **Такой же красивый, как ты, *[имя]*.** Листик отрывается от ветки старого сонного дерева и медленно плывёт по воздуху.

Листик потихоньку падает вниз, всё **ниже и ниже**. Его несёт ветер — а наша сказка так же тихонько **уносит тебя в сон**. Листик скользит так плавно, так красиво. *Медленно-медленно вниз, всё ниже и ниже* скользит листик — и ты тоже *медленно-медленно скользишь вниз, тебя тянет в сон всё глубже и глубже.*

Листик всё летит и летит вниз и наконец долетает до тихого ручья. В этом ручье живут маленькие рыбки, но сейчас они все уже спят.

— Видишь, ***[имя]****, — устало объясняет Соня, — всё, что попадает в ручей, сразу же засыпает. А на берегу растёт мягкий, уютный мох. На нём тоже очень приятно вздремнуть.*

И правда, до чего же тут хорошо! Вот и наш листик опустился на мягкий зелёный мох около ручья. Он прилёг возле тихой воды, зевнул — и тут же уплыл в страну снов. Ведь он так устал после долгого путешествия.

— Я сама как этот листик. Сейчас тоже упаду и усну, — сказала Соня и зевнула ***[зевок]****.*

Когда стоишь у ручья, слышно мирное, ласковое журчание. Кто подойдёт к воде — всех оно убаюкивает. От него сразу становится так спокойно, так уютно! А прямо на камушке у ручья сладко посапывает добрая лесная фея Дрёма. Увидев вас, фея перевернулась на другой бочок и прошептала:

— Опусти ноги в ручеёк. Это так приятно!

Вы с Соней огляделись и подумали: а и вправду, не побродить ли вам в тёплой, тихой, спокойной воде ручейка? Смелее заходите в воду, помойте усталые ножки. *Да-да, вот так,* ***[имя]****.*

Когда заходишь в тёплую чистую воду ручейка, ножкам сразу становится хорошо и уютно. *Они теперь такие тёплые и сонные, в них такая приятная тяжесть!*

Фея Дрёма тихонько бормочет сквозь сон:

— Чувствуешь, как у тебя тяжелеют ножки, ***[имя]****? Обе ножки согрелись и засыпают. Вот так…*

А теперь у тебя согреваются животик и спинка. Тебе тепло и хорошо. Ты дышишь спокойно и ровно.

Твоим ручкам и пальчикам тоже тепло. Как уютно тихонько лежать в кроватке!

А теперь твоей головке тоже становится хорошо и спокойно. Больше не надо ни о чём думать. Можно просто лежать и спать до утра, ***[имя]****.*

По всему телу разливается приятная знакомая тяжесть. Ты вот-вот заснёшь, а наша сказка тебе поможет ***[зевок]****.*

Спасибо тёплому ручейку! Вы с Соней погрелись в ласковой воде и побрели по дорожке дальше, туда, где стоит Сонина мягкая кроватка. Ты ещё не спишь, ***[имя]****? Ну тогда просто полежи и помечтай, послушай сказку.*

Вы с Соней почти задремали на ходу, как вдруг дорожка разделилась на две тропинки: одна вела налево, другая — направо. На развилке росло дерево, а на нём удобно устроился Сонин друг попугай Баю-Бай.

Попугай увидел вас с Соней и сказал:

— Пойдёте налево — **скоро уснёте**. Пойдёте направо — **уснёте ещё быстрее, а потом сладко проспите всю ночь. Засыпайте и смотрите уютные добрые сны!**

— Вот здорово, правда, ***[имя]***? — сказала Соня. — Давай пойдём направо! Это волшебная дорожка. Она поможет засыпать быстрее, даже без всякой сказки. Я хочу всю ночь **смотреть сладкие сны в уютной кроватке**.

«Скорее пойдём смотреть сны!» — решили вы и зашагали по дорожке направо. Вы шли с почти закрытыми глазками и повторяли про себя: «**Теперь мы будем засыпать сразу, как только ляжем в кроватку. И каждую ночь будем крепко спать до самого утра** — хоть со сказкой, хоть без сказки!» ***[зевок]***

Вы шли и думали о том, что завтра наступит новый весёлый день. А сейчас так хочется понежиться в кроватке и хорошенько отдохнуть.

Волшебная дорожка уводила вас с Соней всё дальше и дальше. **По ней так приятно идти и дремать на ходу!** Вы брели по тропинке, и вдруг вам навстречу вышел кролик Роджер.

— Добрый ве-е-е-чер, — зевнул кролик. У него был ужасно сонный вид.

— *Ты тоже устал?* — спросила Соня. — *Вот бы сейчас поспать, правда?*

Кролик Роджер рассказал, что был в гостях у дядюшки Зёвы, который всегда помогает ему уснуть. И теперь у кролика **просто слипаются глаза**. Дядюшка Зёва дал ему невидимый волшебный порошок: если высыпать на себя всего одну щепотку, сразу провалишься в крепкий сон.

— Хотите, поделюсь? — предложил вам кролик. — *Когда посыпаешь себя волшебным сонным порошком, становится так приятно, тепло и уютно! Как будто тебя закутали в самое мягкое одеяло на свете.*

— Вот спасибо! — обрадовались вы. Соня тут же взяла у кролика мешочек с сонным порошком и обсыпала им тебя, **[имя]**, с головы до ног. *Невидимые крупинки легко-легко опустились тебе на голову, ручки и ножки. И тебе сразу же захотелось спать ещё сильнее, как будто тебя потянули куда-то глубоко-глубоко вниз.*

Вы с Соней *продолжали идти по дорожке дальше, еле переставляя ноги.* И тут вам навстречу попалась мышь Бормотунья. В лапках она несла большую подушку.

— Попробуй-ка разобрать, что она бормочет, — сказала Соня. — **Я прямо засыпаю на ходу, когда её слушаю.**

Мышь и вправду тихонько бормотала себе под нос:

— Где же сон? Где-то тут был мой сон. Вы не видели? Я так устала, прямо с лапок валюсь. **Мне надо**

заснуть. Может, это мне уже снится, что я сплю? Я сплю **и вижу, как сильно хочу спать**…

У неё был очень задумчивый вид, как будто она решала какую-то задачу.

— …Что-то я всё думаю и думаю, а зачем я думаю, **я же так устала, мне надо спать**! Спать — это так приятно, сон как будто весь тёплый и мохнатый. И у меня в голове так тепло… Везде мягкий, тёплый туман…

Мышка и правда двигалась медленно и плавно, как будто в тумане, и продолжала бормотать:

— Да-да, уже пора спать. Я **уже сплю**. Это мне только кажется, что я что-то делаю. На самом деле я просто лежу и сплю. И зачем мне что-то делать? Мне же так хорошо. **Я совсем расслабилась.** Я лежу, а тут сказка… сказка меня баюкает, и я больше ничего не хочу слушать, только эту историю. Не могу ни о чём думать, **я такая сонная. Уже совсем-совсем сонная.** Веки такие тяжёлые, и **тело тоже тяжёлое и расслабленное**. Лежала бы и лежала. До чего приятно…

Мышка прилегла на камушек и снова забормотала:
— Вот сейчас я закрою глаза, и **сон сразу придёт**.

Возьму и засну, прямо здесь. И ничего не надо делать, **просто лечь и спать**. Иногда я даже пытаюсь удержаться и не **заснуть, но всё равно засыпаю**. Вот как сейчас. Я лягу и буду крепко-крепко спать всю ночь. Здесь так хорошо, так спокойно. Обожаю спать. Всю жизнь бы проспала. Ох, как славно...

Мышь всё бормотала и бормотала, а потом улеглась на подушку и сразу же **уснула до самого утра** ***[зевок]***.

Вы с Соней побрели дальше, и скоро волшебный лес расступился. Впереди показался уютный бережок. Вы медленно, устало пошли к нему. Вам хотелось поскорее лечь, **устроиться поудобнее и заснуть**.

На берегу ждал папа-слон. Он решил проводить вас до кроватки. При виде его вам стало **ещё спокойнее и уютнее** и сразу так потянуло в сон ***[зевок]***...

У Сони уже совсем слипались глазки. А папа-слон тихонько рассказывал тебе на ушко, как он однажды уснул на ходу. У него в голове крутились сонные-сонные мысли, вот он и заснул. Ведь если всё время думать про то, как ляжешь и уснёшь, будешь очень быстро засыпать каждый вечер и крепко спать до самого утра ***[зевок]****.*

Папа-слон рассказал, как он любит засыпать:

— Когда всё твоё тело расслабилось, уснуть очень просто. Бывает, так сильно устанешь, что и сам не замечаешь, как заснул. Тогда уже хочется только лежать и спать. Ты чувствуешь, что глазки слипаются сами собой. И как только закроешь глаза, сразу уснёшь и проспишь всю ночь до самого утра.

Сонные и расслабленные, вы медленно спустились под горку, вниз, к самому пляжу.

— Уже почти пришли. Сейчас ты увидишь, где я всегда хорошо засыпаю. Ты тоже там наверняка уснёшь, — пообещала Соня ласковым и усталым голосом.

Вот и Сонина кроватка. Ваше путешествие почти закончилось. Осталось совсем немного…

— Поможешь Соне, ***[имя]***? — спросил папа-слон. — Ей будет проще уснуть, если **ты тоже уснёшь**.

И он объяснил, что нужно делать:

— Если ты ещё не лежишь, ложись прямо сейчас. Тебе надо проспать **как можно дольше**. Ну или хотя бы притворись, что спишь, — только хорошенько притворись, чтобы Соня поверила. Тогда она тоже уснёт. Поспи понарошку, чтобы помочь подруге, ***[имя]***.

Папа-слон укрыл Соню одеяльцем и аккуратно подоткнул его со всех сторон.

— Ну вот. А теперь закрой глазки и расслабься. Вспомни, что ты делаешь, когда хочешь заснуть, и проделай это прямо сейчас. Тогда и Соня тоже уснёт крепко-крепко.

Соня тихо пробормотала:

— Хорошо мы сегодня погуляли. Спасибо за чудесную компанию.

Вы с ней закрыли глазки и подумали, что вот сейчас наконец уснёте. «Спокойной ночи», — шепнула Соня, и вы вдвоём улетели в волшебную страну снов.

Теперь Соня крепко уснула, и ты тоже можешь спать до самого утра ***[зевок]****.*

Литературно-художественное издание
Для дошкольного возраста, для чтения взрослыми детям

Карл-Йохан **Форссен Эрлин**

Слонёнок, который хочет уснуть

Сказка в помощь родителям

Шеф-редактор *Алёна Яицкая*
Ответственный редактор *Анна Дружинец*
Ответственный за выпуск *Елена Лунева*
Литературный редактор *Ольга Епифанова*
Вёрстка *Ольга Булатова*
Корректоры *Евгения Шарипова, Надежда Болотина*

Подписано в печать 09.09.2020.
Формат 60×90 $^1/_{16}$. Гарнитура CharterITC.
Бумага офсетная. Печать офсетная.
Усл. печ. л. 2,0. Тираж 3500 экз.
Заказ № 125782.

Изготовитель: ООО «Манн, Иванов и Фербер»
123104, Россия, г. Москва, Б. Козихинский пер., д. 7, стр. 2
mann-ivanov-ferber.ru
facebook.com/mifdetstvo
vk.com/mifdetstvo
instagram.com/mifdetstvo

Отпечатано в типографии SIA «PNB Print», Латвия
pnbprint.eu

0+

6–